La problemática del agua subterránea. Diferentes escalas y niveles de conflictividad.

Autor: Esteban Hernán Giménez

[...] el agua no trata del agua. Mucho más está en juego: el agua trata de construir instituciones y otorgar poderes a la gente para tomar decisiones. La gestión del agua no se dirige solamente a los hogares, sino a las comunidades enteras, y a aquéllos que hacen política y al público hay que hacerles entender que la gestión del agua se convertirá pronto en la mayor empresa cooperativa del mundo.
(Sunita Narain[1], 2005)

El agua posee características diferenciales y especiales frente a otros bienes comunes. Sin su existencia, la producción y reproducción de la vida sería imposible. Su disponibilidad y libre acceso remiten por lo tanto a un derecho particularísimo: el derecho a la vida (Seoane; Taddei; Algranati, 2013:109)

A lo largo del siglo XX la visión dominante respecto del agua y de los servicios hídricos en la mayoría de las sociedades reposaba en el carácter público gratuito de este bien (Seoane et al., 2013:112). La Conferencia Internacional sobre Agua y Medio Ambiente en Dublín (1992) constituyó un antes y un después en cuanto a la consideración de los recursos hídricos. La concepción adoptada en esta conferencia es que "el agua es un recurso finito". De esta forma se introducía una condición necesaria (característica de las teorías económicas marginalistas) para convertir a los bienes comunes en mercancías: la escasez (Seoane et al., 2013:113).

Si bien el concepto de "escasez" (y sus distintas variantes) roza de alguna forma nuestra investigación doctoral, este capítulo inicial tiene como propósito dar cuenta de las diferentes formas en que los grupos dominantes de ciertas formaciones sociales concretas se apropian del agua subterránea. Para esto haremos foco en diferentes niveles de escala y distintos grados de conflictividad. Cabe aclarar que si bien en este capítulo tendremos en cuenta la situación de Mendoza, la problemática de quién se apropia el agua subterránea en nuestra Provincia va a ser desplegada en los capítulos posteriores.

Cuando hablamos de conflicto tenemos en cuenta los distintos canales que usan diferentes grupos y agentes sociales a fin de poder excluir a otros de la obtención y uso del agua subterránea. Es decir que utilizamos una definición operativa que nos permite identificar luchas de intereses con distintas formas y manifestaciones que van desde intervenciones militares (como el caso

---

[1] Ecologista india y activista política en Jorge Jiménez Díaz (2016:93). Ganadora del Stockholm Water Prize en 2005.

palestino/israelí) hasta canalizaciones institucionales de las disputas (como es el caso de la Provincia de Mendoza) niveles intermedios de pugna (como es el caso mexicano) donde existen acciones violentas entre autoridades y usuarios, sin llegar a un conflicto armado y el caso del Acuífero Guaraní como una potencial fuente de conflicto

Por otra parte, prestaremos especial atención sobre lo que se conoce y sobre lo que se desconoce sobre la problemática del agua subterránea haciendo hincapié en aspectos biofísicos.

La canalización del conflicto en Oriente Próximo

En el actual contexto mundial, el *hidroconflicto* palestino-israelí es uno de los más complejos y puede llegar a suscitar una mayor inestabilidad en la región del Oriente Próximo.

El Estado de Israel capta el total de su agua dulce de las aguas superficiales del Río Jordán y de los acuíferos de Gaza y Cisjordania. Desde 1967, Gaza y Cisjordania han vivido bajo la ocupación israelí.

Para entender cómo se canalizó y canaliza este conflicto hídrico debemos remontarnos brevemente a la creación del Estado de Israel en 1948 y posteriormente a la Guerra de los seis Días.

El planeamiento para la instalación del Estado de Israel estaba forzosamente enlazado al control del flujo de agua desde el punto de vista ideológico y material.

> Esto no se explica por un mero deseo de rentabilidad, sino por la función ideológica del desarrollo agrícola en el movimiento sionista. La agricultura debía afincar sobre suelo palestino a los inmigrantes, a menudo de orígen urbano; regenerar un lazo afectivo entre los judíos y su "tierra prometida"; ocupar el territorio para crear primero la Yishuv (las colonias judías en Palestina antes de 1948) y posteriormente el Estado de Israel; diseminar las colonias por todos los territorios palestinos ocupados en 1967; y hacer que todo el espacio dé frutos, incluyendo el Negev. El agua es lo que hacía que todo esto fuera posible: el desarrollo agrícola, la dispersión de la población, la "redención del suelo". De este modo, el agua ha tenido, y tiene todavía, en la ideología y en la práctica sionistas, una función social e ideológica que no es secreto para nadie (Khader, Bichara, 2007:62)

Apropiarse del agua estaba en estrecha relación con la apropiación de tierras cultivables en tanto que para las políticas sionistas la ocupación de la tierra produciría un mecanismo esencial para la propia expansión del pueblo judío acogido en Israel. En este sentido "la «judaización» del territorio junto con la agricultura partirían como las bases del nuevo Estado" (Jorge Jiménez Díaz, 2016:87).

Para conseguir la ocupación real y efectiva de la tierra, el sionismo necesitaba darle uso al suelo a través de la conquista del agua. Esto lleva aparejado excluir a los palestinos del flujo hídrico. Es por ello, que

> [...] la agricultura se convierte en herramienta y objetivo simultáneamente. Mediante la explotación agrícola se podrá controlar el territorio, dándole un uso que es además excluyente con cualquier otro, y asegurar la alimentación de la población judía que mediante sucesivas inmigraciones acudiría a Palestina. Para poder llevar a cabo este desarrollo de la agricultura, es necesario asegurarse el acceso a unos recursos hídricos en grandes cantidades. Surge aquí otro objetivo, asegurar un suministro de agua importante, que adquiere aquí una doble versión: política y de seguridad ("La cuestión del agua en el conflicto por Palestina", s.f., párr.12)

Ahora bien, antes de la creación del Estado de Israel en 1948, el agua ha sido un punto clave del proyecto sionista. Muestra de ello es el libro de 1896 de Theodor Herzl[2], "Der Judenstaat", "El Estado de Los Judíos" donde el vital líquido estaba presente en su obra en tanto consideraba que los fundadores de Israel deberían ser personas que ayudaran a desarrollar el agua.

El movimiento sionista requería de un conocimiento lo más acertado posible de las fuentes de agua en Palestina, ya sea antes o después de la ocupación británica, en tanto que tener una noción lo más precisa posible los habilitaba para poder calcular cuántos inmigrantes podría albergar en la zona.

Por ello, la ocupación de los acuíferos tanto de Cisjordania como de la franja de Gaza fueron muy útiles a estos a la hora de expandir el territorio del Estado de Israel.

Dichas zonas fueron ocupadas después de la Guerra de los Seis Días en 1967.

En dicha guerra se enfrentó Israel contra Jordania, Siria, Egipto e Irak. Al finalizar la guerra, Israel había conquistado la península del Sinaí, la Franja de Gaza, Cisjordania, Jerusalén Este (incluyendo la Ciudad Vieja) y los Altos del Golán.

Finalizada la guerra, el Estado de Israel crea el decreto n°92 de 1967. Dicho decreto es militar y estableció que las aguas de los nuevos territorios conquistados eran "recursos estratégicos bajo control militar" (Khader, Bichara, 2007:62).

Con este decreto Israel ha podido explotar los recursos hídricos de la capa freática costera y los acuíferos montañosos de Cisjordania.

En Gaza, el agua es de muy baja calidad (por sobreexplotación) y los palestinos se ven forzados a beber aguas con alto nivel de salinidad. Los palestinos le deben pedir permiso (raramente se han otorgado), al comandante de la región, si desean hacer pozos para la obtención de agua subterránea.

Las limitaciones o negativas que se les impone a los palestinos no son las mismas para los colonos israelitas. Según Khader Bichara (2007), la empresa israelí Mekorot, autoriza a los colonos judíos a perforar numerosos nuevos pozos con el agravante de que los niveles de profundidad han llegado hasta los 500 metros aproximadamente. Frente a esto, el mencionado autor se refiere al

---

[2] Fundador del sionismo político.

caso palestino-israelí como un caso de "colonialismo hídrico" en tanto tiene en cuenta la capacidad de bombeo y los volúmenes otorgados para ambos lados:

> [...] en el interior de los territorios palestinos han proliferado las colonias, bombeando agua a voluntad e irrigando las tierras expropiadas. Las cifras son de lo más elocuente: ya en 1989, un 90% de las tierras ocupadas por los colonos israelíes en Gaza y Cisjordania eran irrigadas, comparado con una cifra de tan sólo 2,5% de las tierras que pertenecían a los palestinos (Khader, Bichara, 2007:62).

La creación de Comisión Mixta del Agua tras los Acuerdos de Oslo de 1993 suponía un mejor trato para los palestinos. Lo cierto es que en la práctica cotidiana, son los israelíes quienes deciden que hacer o no con les recursos hídricos y no los palestinos.

El informe del PNUD: "Informe Mundial sobre el Desarrollo Humano 2006: más allá de la penuria: poder, pobreza y crisis mundial del agua", reconoce que "aunque sólo posean el 13% de los pozos de Cisjordania, los colonos son responsables del 53% de las extracciones de las aguas subterráneas" (Khader, Bichara, 2007:58)

Esta desigualdad la podemos observar en el uso del agua para para la agricultura, en tanto que los 400 asentamientos judíos instalados en los Territorios Ocupados[3] después de la guerra de 1967 consumen mayor cantidad de agua que los pueblos palestinos en su totalidad.

En términos generales, considerando todos los territorios ocupados de Palestina y de Siria, desde 1967, las estimaciones arrojan que Israel consume alrededor del 45% de los recursos hídricos de estos territorios. El volumen total del agua conquistadas por el Estado de Israel entre 1967 y 1978 es de alrededor de 650 millones de metros cúbicos al año (Izquierdo Brichs, 1995)

Siguiendo la línea de pensamiento de Georges Mutin (2001), el uso del agua de Gaza y Cisjordania se logra bajo una vigilancia estricta y desigual del consumo palestino frente al consumo israelí. De esta forma se limitan los cultivos palestinos irrigados en conjunción con precios escandalosos del agua.

> Pero estas diferencias también se observan en el precio del agua, mientras un colono israelí paga un precio diferente por el agua para riego agrícola y para uso doméstico (15 agorots[4] por m3 agrícola y 23 el doméstico) un palestino paga un precio muy superior sin distinción de usos (70 agorots). ("Conflicto por el agua", s.f., párr.8)

Según Khader Bichara (2007) el consumo en Gaza y Cisjordania no supera los 280 millones de m3 al año. Esto nos da 52 m3 por año y por habitante en comparación con el consumo de 350 m3 por habitante en Israel. El consumo en los territorios palestinos representa una octava parte del consumo en Israel.

---

[3] Las negociaciones de paz permitieron que se establezca la Autoridad Nacional Palestina, y una evacuación parcial entre 1993 y 2000 de la región de Gaza y de Hebrón.

[4] Nuevo Shekel (moneda oficial de Israel) equivale a 100 agorots. Un nuevo Shekel son alrededor de 5 pesos argentinos.

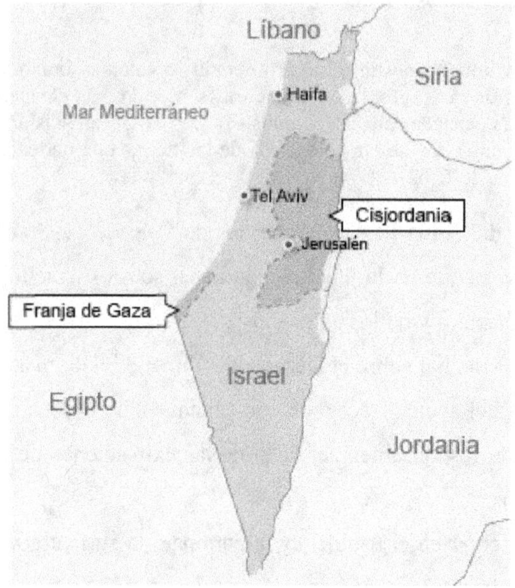

Cisjordania
Superficie: 5.640 km^2
número de habitantes: 2.600.000, de los cuales 500.000 israelíes (incluida Jerusalén Este)

Gaza
superficie: 360 km^2
número de habitantes: 1.700.000

fuente: CIA World Factbook

Con lo antedicho, entendemos que se ha creado un discurso que por reproducción constante se ha instaurado como verdadero en la zona de disputa palestina/israelí. Este discurso es el de "escasez del agua" en la zona. Ahora bien, Virginia Grosso va a decir:

> Al ser la escasez una noción que vincula la disponibilidad del bien hídrico con una determinada cantidad de población y sus demandas, es muy usual que su análisis se centre: a) exclusivamente en las causas naturales del problema como la falta de lluvias o la merma de los acuíferos y b) en torno a miradas malthusianas ya que, según estos argumentos, con el aumento de la población y la demanda mundial de agua, el futuro apunta hacia la inevitable escasez hídrica (Grosso Virginia, 2014:12)

A partir de esta cita (el subrayado es nuestro) se puede desmitificar de alguna manera el discurso hegemónico israelí.

Con respecto a la falta de agua Cisjordania posee un clima mediterráneo donde las lluvias tienen lugar durante los meses de noviembre hasta marzo en la estación invernal, con una media de precipitaciones anuales de alrededor de 550mm/año[5].

---

[5]Disponible en: http://embajadapalestina.cl/site/index.php/clima/

Jorge Jiménez Díaz entiende que las "cifras hídricas apuntan hacia una posibilidad de reparto equitativo en el que se pudiera vivir con una calidad de vida en torno al agua que pudiera satisfacer a ambas partes" (2016:92).

De esto deducimos que el problema no es la escasez, sino el desigual reparto del agua.

La merma de los acuíferos es un problema cada vez mayor en tanto en Gaza, Cisjordania, y en la cuenca del río Jordán. La perforación de nuevos pozos cada vez más profundos ha originado, la desaparición de fuentes antiguas y pozos poco profundos (Jorge Jiménez Díaz 2016). Esto trae aparejado la degradación cualitativa de los recursos hídricos por altos grados de salinidad que en Gaza ha llegado a los 500 mg/l, cuando el máximo determinado por la Organización Mundial de la Salud es de 250 mg/l.

Como escribimos en páginas anteriores al analizar las disputas por el agua tendríamos en cuenta cómo grupos dominantes de ciertas formaciones sociales concretas se apropian del agua subterránea haciendo foco en los distintos canales que usan diferentes grupos y agentes sociales a fin de poder excluir a otros de la obtención y uso del agua subterránea.

En este sentido pensamos que el conflicto palestino/israelí es más que ilustrativo.

La agricultura y la conquista del agua debía albergar sobre suelo palestino a los inmigrantes judíos tanto antes como después de la conformación del Estado de Israel en 1948.

Para conseguir la ocupación real de la tierra y que fuese ésta satisfactoria a sus fines sionistas, la Guerra de los Seis Días de 1967 fue eficaz a la hora de ampliar su territorio.

No en vano, raudamente se creó el decreto militar n°92 de 1967 que le permitió al Estado de Israel la apropiación de las aguas superficiales y sobre todo de las aguas subterráneas de Gaza y Cisjordania.

El agua pasó a ser un recurso estratégico para el Estado de Israel, custodiado por el poder castrense, con la vista puesta en la exclusión de los palestinos de los recursos hídricos con el fin de afianzar permanentemente su territorio.

El agua subterránea en América del Sur: el Acuífero Guaraní

Según estimaciones recientes la distribución del agua dulce[6] a nivel planetario sería de la siguiente forma:

---

6 http://www.laenergiadelcambio.com/como-esta-distribuida-el-agua-del-planeta

Localización	Porcentaje de agua total	Tipo de agua
Mares y océanos	96,5 %	Salada
Casquetes y glaciares polares	1,74 %	Dulce
Agua subterránea salada	0,94 %	Salada
Agua subterránea dulce	0,76 %	Dulce
Glaciares continentales y permafrost*	0,022 %	Dulce
Lagos de agua dulce	0,007 %	Dulce
Lagos de agua salada	0,006 %	Salada
Humedad del suelo	0,001 %	Dulce
Atmósfera	0,001 %	Dulce
Embalses	0,0008 %	Dulce
Ríos	0,0002 %	Dulce
Agua biológica	0,0001 %	Dulce

*** Permafrost: capa de hielo permanente en los niveles superficiales del suelo de las regiones muy frías o periglaciares.**

Se estima el que el volumen de agua subterránea a nivel mundial estaría rondando los 23.400.000 km3 (un km3 es igual a un billón de litros de agua), y el volumen de los ríos en 42.800 km3. No obstante, a nivel planetario, existe un gran desconocimiento sobre el volumen real y las particularidades de la mayor parte de los acuíferos.

> La UNESCO calculó que en la última década se destinó en el mundo un 67% de agua subterránea para la agricultura, 11% para la industria y 22% para el consumo doméstico y los hidrogeólogos calculan que se estaría utilizando entre 0.05% y 0.007% del total de agua subterránea disponible en el planeta, situación que ilustra que la escasez hídrica es fundamentalmente un problema de carácter social y no natural. Se estima que más de 60% de la humanidad (más de cuatro mil 500 millones de personas) se abastece directamente de agua subterránea.[7](Hatch Kuri, Carrillo Rivera, 2017)

En América del Sur ocurre algo similar. Se conoce el volumen hídrico superficial, pero se desconoce la magnitud, cantidad de acuíferos y la calidad de las aguas subterráneas.

El número de habitantes en América Latina según estimaciones de la Comisión Económica para América Latina y el Caribe[8] (CEPAL) ascenderá hacia mediados de 2016 a 625 millones de

---

[7] Gonzalo Hatch Kuri, José Joel Carrillo Rivera (2017) en: http://www.nexos.com.mx/?p=32765

[8] CEPAL, disponible en: https://www.cepal.org/es/noticias/la-poblacion-america-latina-alcanzara-625-millones-personas-2016-segun-estimaciones-la

personas. Alrededor del 30% hacen uso del agua subterránea, en tanto 175 millones de personas dependen exclusivamente del vital líquido.

Elsa Bruzzone (2010), historiadora y especialista en geopolítica, da cuenta que los países más ricos del planeta tienen sus recursos hídricos, especialmente los subterráneos, en vías de agotamiento. Este agotamiento fue producido por sobreexplotación y contaminación, tanto por el desarrollo industrial como el agrícola.

Teniendo en cuenta que América Latina y el Caribe posee la mayor biodiversidad del planeta, el 12% de la superficie cultivable del planeta, 20% de reservas de hidrocarburos, un tercio del agua dulce a nivel mundial, recursos minerales en gran cantidad y 20 % de las reservas de petróleo.[9]

No cabe duda que los recursos que América del Sur posee en abundancia, tales como materias primas, alimentos, energía y agua, son requeridos por los países centrales para su propia producción económica.

América Latina es el territorio con mayor reserva de agua por cantidad de habitantes en el mundo, en tanto cuenta con el 26% del agua potable a escala mundial, y los latinoamericanos representan el 6% de la población del planeta (Ramírez y Yepes, 2011).

Gráfico No. 1: POBLACIÓN MUNDIAL Y DISPONIBILIDAD DE AGUA POR REGIONES

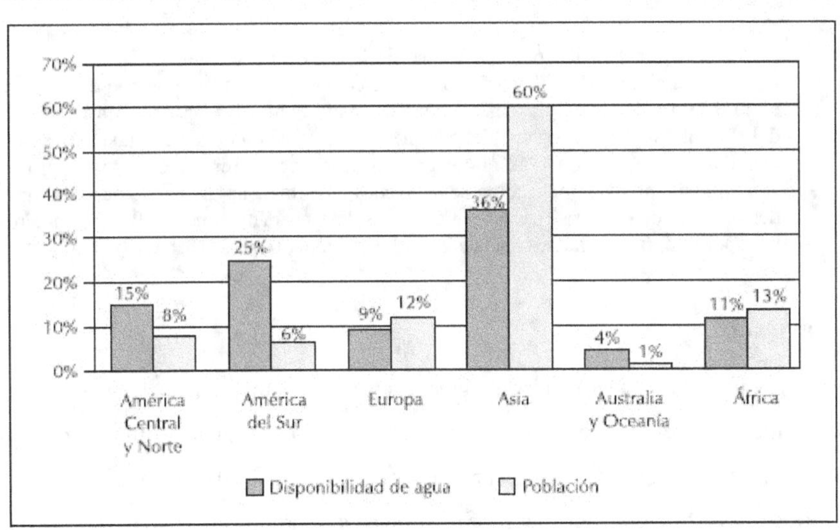

Fuente: International Water and Sanitation Centre (IRC), 2004.

---

[9] Datos de la CEPAL disponible en : http://www.cepal.org/es/infografias/la-gobernanza-de-los-recursos-naturales-en-america-latina-y-el-caribe

Desde una visión geopolítica, Bruzzone entiende que los países centrales al haber devastado sus recursos naturales (sobre todo los hídricos) están explorando la cantidad y calidad de los países que aún conservan los suyos. En consonancia con esta línea de pensamiento, Ramírez y Yepes piensan que:

> En la actualidad el agua se ha convertido en algo más que una fuente de vida; hoy en día el agua significa una fuente de conflictos, una guerra de poderes, una lucha por la supervivencia y una fuente de riqueza; la falta de acceso al vital líquido es un motivo de desigualdad, pobreza e injusticia social, como también una brecha más que diferencia a los países del tercer mundo respecto a los países desarrollados (Ramírez y Yepes, 2011:150)

Es en este sentido que queremos dar cuenta del "potencial conflicto" que significa la posesión de una gran cantidad de recursos hídricos frente a una zona "ambicionada" por las grandes potencias mundiales, sobre todo Estados Unidos.

Con respecto a zonas ambicionadas, La Amazonia, es anhelada por Estados Unidos desde hace mucho tiempo.

La Amazonia, además de ser el pulmón del planeta, posee la mayor biodiversidad del mundo. En ella fluyen más de mil ríos. Esto la constituye en la mayor cuenca hidrográfica del mundo.

Según Bruzzone:

> Los intentos de EE.UU. por apoderarse de la región no son nuevos. Ya en las primeras décadas del siglo XIX un mapa sugería la creación del Estado Soberano de la Amazonia, en territorio amazónico brasileño. Luego se sostuvo que el Amazonas era la continuación del río Mississippi, por debajo del continente, por lo cual la región estaba "adentro" de las fronteras de EE.UU. En 1853 el gobierno norteamericano reivindicó ante su par brasileño el pedido de internacionalización de la Cuenca del Amazonas alegando que Pará (hoy unos de los Estados de Brasil) estaba más cerca de New York que de Río de Janeiro y los transportes eran más fáciles hacia el norte. (Bruzzone, Elsa, 2010:102)

El Acuífero guaraní

El Sistema Acuífero Guaraní (SAG) es una gigantesca reserva subterránea de agua dulce.

En la zona que ocupa el Acuífero Guaraní residen alrededor de quince millones de personas que se aprovisionan de sus aguas para abastecimiento poblacional, industrial y agrícola.

Este acuífero es el tercer[10] gran acuífero del planeta. Pero posee una característica muy importante en tanto es el primero en relación al tiempo de su recarga natural.

> Tiene una superficie aproximada hasta la fecha de 1.194.000 kilómetros cuadrados de los cuales 839.000 corresponden a Brasil, 226.000 a Argentina, 71.700 a Paraguay y 59.000 a

---

[10] Algunos autores entienden que es el cuarto. Esto se debe a que todavía no se determina sus reales dimensiones.

Uruguay, que representan, el 10% del territorio de Brasil, el 6% de Argentina, el 18% de Paraguay y el 25% de Uruguay. (Bruzzone, Elsa, 2010:119)

Este acuífero tiene la capacidad de suministrar agua a 6.000 millones de personas durante aproximadamente 200 años.

Según un estudio llevado a cabo del Centro de Militares para la Democracia Argentina (CEMIDA), el Acuífero Guaraní tendría una capacidad de unos 50.000 Km³, con una recarga de entre 160 y 250 Km³ al año, de forma que explotando unos 40 Km³ anuales podría abastecerse a 360 millones de personas a unos 300 litros de agua al día por habitante. (Ferro Rodriguez, Joaquín, 2013:3)

Gráfico I. Acuífero Guaraní

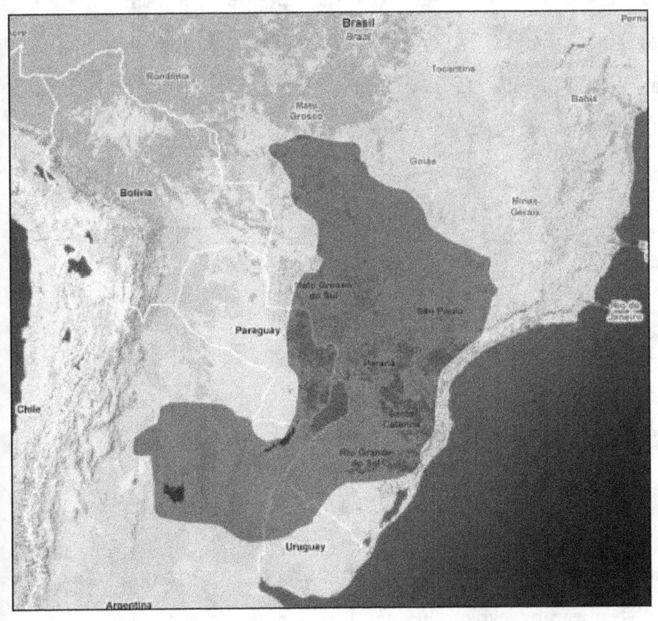

El SAG cuenta con varios puntos de recarga, siendo uno de los más importantes la zona de la Triple Frontera. Es aquí donde puede nacer la posible conflictividad de la cual queremos dar cuenta. Conflictividad que tiene como protagonista externo del acuífero a Estados Unidos.

La Triple Frontera forma parte de un área geográfica donde confluyen las fronteras de Argentina, Brasil y Paraguay, coincidiendo con la desembocadura del río Iguazú en el río Paraná.

En esa área se localizan las ciudades de Ciudad del Este (Paraguay) y Puerto Iguazú (Argentina), de Foz do Iguaçu (Brasil). Estas tres ciudades se encuentran vinculadas por el puente Tancredo Neves (que empalma Puerto Iguazú con Foz de Iguazú), y por el Puente de la Amistad (une de Foz do Iguaçu y Ciudad del Este)

Este trifinio internacional posee una extensión de alrededor de 2.500 Km2, con una población de aproximadamente 470.000 habitantes que constituyen una importante diversidad étnica, social, económica y cultural.

En esta zona se destaca la numerosa presencia de ciudadanos de origen libanés que comenzaron a llegar a la Triple Frontera en la década de 1980 huyendo de la guerra civil. Por otra parte en 1982 Israel invadió el sur del Líbano para expulsar las guerrillas de la Organización para la Liberación de Palestina (OLP), dirigidas por Yaser Arafat.

En este sentido un gran contingente libanés desembarcó en la Triple Frontera en busca de nuevas perspectivas para refundar su vida.

La Triple Frontera posee una laxitud fronteriza con exiguo control estatal por parte de los tres países constituyentes, trayendo aparejado una actividad económica altamente informal.

Por otra parte, Joaquín Ferro Rodriguez (2013) entiende la que Triple Frontera es conocida por el tráfico de droga, de armas, la trata de blancas, la compraventa de coches robados y el lavado de dinero. Esto último, es un factor (no el único) que sirvió a nuestro criterio para la intromisión de Estados Unidos en la zona.

Existen por lo menos tres elementos que la inteligencia estadounidense empleó para justificar su intrusión en el SAG.

Las primeras sospechas de la existencia de grupos terroristas en esta zona se originan con el doble atentado que sufrió Argentina 17 de marzo de 1992 (embajada israelí en Argentina) y el del 18 de julio de 1994 en la AMIA (Asociación Mutual Israelita Argentina), ambos en Buenos Aires.

Se piensa que en ambos ataques, los terroristas ingresaron por la Triple Frontera.

Posteriormente, el ataque terrorista del 9 de Septiembre del 2001 contra la Torres Gemelas dio un nuevo empuje para la presencia de Estados Unidos en el Triple Frontera.

Ahora bien, como desarrollamos anteriormente, en la Triple Frontera existe una amalgama de comunidades y nacionalidades. Nombramos especialmente la libanesa en tanto como tercer actor está lo que se llamó la Operación Barakat. Assad Barakat fue detenido por la policía de Paraguay por evasión de impuestos.

> El dinero evadido era presuntamente enviado a Líbano para financiar a Hezbollah, de quien Barakat sería el tesorero en la Triple Frontera, lo cual suponía una verdadera inyección económica debido a que estas actividades se venían realizando desde hace bastantes años (Ferro Rodriguez, Joaquín, 2013:3)

Teniendo en cuenta estos factores, varias voces, desde América Latina, pusieron en tela de juicio la presencia estadounidense en tanto que entendían que la misma encubría algo más. Con la pretensión de instauración del discurso antiterrorista, Estados Unidos aspiraría a saciar su carestía de agua dulce a partir de canales diplomáticos/militares.

Con respecto al acuífero y la presencia de tropas norteamericanas en la zona, Bruzzone dice:

> "Nosotros dimos en 2003 la voz de alerta sobre lo que estaba sucediendo en la Triple Frontera. Nos parecía muy extraño que pudiera haber células de Al-Qaeda, de Hamas o de Hezbollah. Fuimos hasta esa zona y hablamos con los pobladores, con las autoridades de Ciudad del Este, de Foz do Iguazú y de Puerto Iguazú. Ellos tenían las cosas muy claras. Hasta se burlaban de los comentarios sobre la presencia de terroristas. Nos decían que no había ninguna célula de este tipo, sino que en el lugar se hallaba uno de los puntos más importantes de recarga y descarga del Acuífero Guaraní". ("Acuifero Guaraní y la Lucha por el Agua", s.f., párr.14)

Bruzzone no es la única que piensa que la lucha contra el terrorismo se usa como pretexto para explorar, conocer, y luego apropiarse de nuestros recursos. Con esto lograron, según la historiadora, un convenio para instalar una nueva oficina de la CIA en Foz do Iguazú y en Paraguay para una oficina del FBI, "además de los ejercicios militares disfrazados de misiones humanitarias"[11]

Se acusa a los gobiernos de la triple frontera el otorgamiento de facilidades para con los grupos terroristas islámicos. Por otra parte se tilda a nuestros Estados de incapaces para afrontar a dichos grupos (de dudosa presencia en nuestros territorios). Es decir, "necesitamos la presencia de los marines en nuestros territorios" ("Acuifero Guaraní y la Lucha por el Agua", s.f., párr.19)

> Sin embargo, aunque aún no se ha comprobado la existencia de tales "grupos terroristas islámicos", ya se han instalado bases militares de E.U. en la triple frontera y en diversas fuentes de recursos hídricos alrededor de América Latina. (Ramírez, María , Yepes, María, 2011:158)

Por otra parte debemos tener en cuenta que tanto la calidad como cantidad de agua subterránea en el SAG fue motivo de estudio e investigación de los cuatro Estados que lo compartían. Entre 2005 y 2008 se elaboró el Proyecto para la Protección Ambiental y Desarrollo

---

[11] Idem. disponible en http://historiaybiografias.com/guerra_agua/ [visitado febrero 2016].

Sostenible del Sistema Acuífero Guaraní. Este proyecto fue regulado y coordinado por el Banco Mundial. Además participaban el Fondo para el Medio Ambiente Mundial (FMAM), la Organización de Estados Americanos (OEA) como unidad ejecutora. Además, aportaban y participaban la Agencia Internacional de Energía Atómica (AIEA), la Vigilancia Geológica Germana (BGR) y el Programa Asociado del Agua de los Países Bajos (BNWPP).

Es decir que la principal preocupación es que el Banco Mundial utilizase la información brindada por el "Proyecto para la Protección Ambiental y Desarrollo Sostenible del Sistema Acuífero Guaraní" para esparcir la ideología del agua como mercancía en foros internacionales creados particularmente por El Consejo Mundial del Agua (CMA) que es el impulsor de estos foros que se realizan trianualmente y que congregan a grandes consorcios del agua, al Banco Mundial y al FMI.

En este sentido Bruzzone dice:

> Esta es una situación preocupante porque la importancia del agua subterránea aparece ya claramente definida en los documentos e informes relativos al recurso, que fueron confeccionados por organismos internacionales financieros y económicos, empresas transnacionales y agencias gubernamentales de los países más ricos del mundo (Bruzzone, Elsa, 2010: 22)

José Antonio Segrelles Serrano entiende que el empleo abusivo e inadecuado del agua va a tener repercusiones económicas y geopolíticas en todo el mundo:

> [...]aunque el continente americano se verá involucrado por el contraste manifiesto que existe entre la zona septentrional, cada vez más sedienta y esquilmada de sus recursos hídricos, y el área meridional, donde el agua es abundante y todavía no ha sido demasiado aprovechada. En cualquier caso, se puede hablar con absoluta propiedad de la existencia, a veces larvada, de una auténtica "guerra del agua" (CANS 1994) entre el centro y la periferia y entre grupos antagónicos con intereses contrapuestos donde una vez más se generan desequilibrios y exclusiones socioeconómicas, culturales, políticas y ambientales. Se establece de hecho una pugna entre quienes piensan que el agua debe ser considerada un bien comercial (como el trigo, la soja, el café o la carne) y quienes sostienen que se trata de un bien social relacionado con el derecho a la vida (Segrelles Serrano, 2007:2)

Ahora bien, para poner paños fríos sobre un posible conflicto por el agua en América Latina debemos tener en cuenta que varios factores:

-En 2009 el "Proyecto para la Protección Ambiental y Desarrollo Sostenible del Sistema Acuífero Guaraní" se desarticuló por las diferencias entre Argentina y Uruguay por la instalación de las papeleras por éste último país que se sitúan sobre las aguas binacionales del Río Uruguay.

-Todavía nuestros países no son miembros del ALCA. Esto, tal vez, le hubiese permitido a Estados Unidos importar agua subterránea del Acuífero Guaraní.

-Y por último, y siguiendo la línea de pensamiento de Esteban Castro debemos tener en cuenta que frente al "avance arrollador de formas capitalistas, el caso del agua sigue siendo todavía una frontera difícil de conquistar y subordinar a la dinámica directamente mercantil" (Castro Esteban, 2009:14)

Dicho esto, consideremos que Estados Unidos no va a declinar sus intereses en el Acuífero Guaraní en tanto las características de este reservorio de agua, como escribimos anteriormente, son sumamente importantes, tanto desde el punto de vista geoestratégico como ventana para controlar a los países latinoamericanos a través de imposiciones económicas por nuestra deuda externa y cobrarse, tal vez, la misma con nuestros recursos naturales, como también por la propia calidad del agua del acuífero y su rapidez de recarga.

Si bien entendemos que es un conflicto potencial por la apropiación del agua subterránea, esta "potencialidad" no debe ser subestimada.

A continuación mostraremos la disponibilidad media de agua per cápita de algunos países que hemos mencionado.

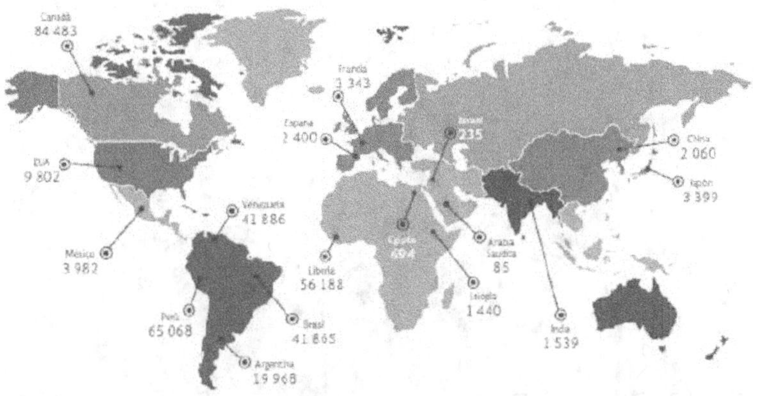

Fuente: FAO. 2013. Base de datos AQUASTAT. Organización de las Naciones Unidas para la Alimentación y la Agricultura.

Conflicto por aguas subterráneas en México

El caso mexicano nos parece un punto de referencia para la comparación con lo que ocurre en Mendoza. Si bien en México las luchas y disputas por el agua subterránea tienen a modo general un componente más violento (no siempre), lo motores que desencadenan la conflictividad tienen cierto parecido a situaciones concretas que han ocurrido en la Provincia, tales como concesiones de pozos de dudoso otorgamiento a agentes económicos con poder político/económico y sobreexplotación de acuíferos.

La gestión del agua subterránea en México está a cargo del poder Ejecutivo según el artículo n° 27 de la Constitución y el artículo n°18 de la Ley de Aguas Nacionales (LAN). (Hatch Kuri, Carrillo Rivera, 2017)

Para administrar los recursos hídricos se crearon 653 divisiones territoriales denominadas acuíferos. Estos acuíferos y su delimitación no obedecen a criterios geológicos sino que son de carácter convencional como enuncia la Ley (Hatch Kuri, Carrillo Rivera, 2017)

Hatch Kuri y Carrillo Rivera (2017) dan cuenta que en 1972, del total de los acuíferos, se registraron 32 "sobreexplotados" y en 2016 la cifra asciende a 105 acuíferos sobreexplotados. Esto les da la pauta a los autores mencionados para pensar y poner en tela de juicio la eficacia en la protección del agua subterránea y poner en duda los decretos de disponibilidad y prohibición de explotación. De hecho comentan que "en el periodo 2000-2015 más de 80% de las inversiones extranjeras de la industria automotriz se materializaron sobre acuíferos sobreexplotados"[12] (Hatch Kuri, Carrillo Rivera, 2017)

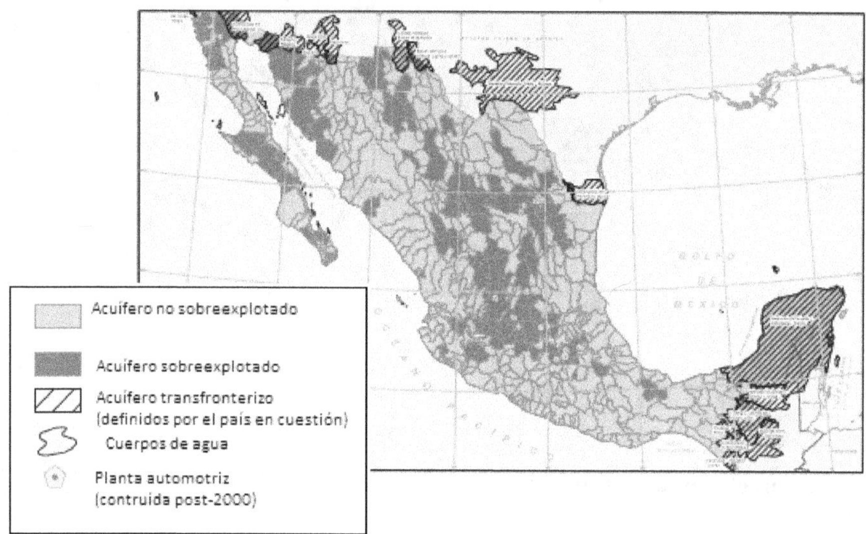

En México, además del aumento de concesiones mal otorgadas y su consecuente sobreexplotación, existe la problemática del desconocimiento de la cantidad de pozos autorizados a

____

[12] Gonzalo Hatch Kuri, José Joel Carrillo Rivera (2017) en: http://www.nexos.com.mx/?p=32765

lo largo y a lo ancho del país. Esto llevo irremediablemente a desconocer el volumen utilizado de agua subterránea por los grandes emprendimientos agrícolas/exportadores, la mencionada industria automotriz y las industrias de alimentos y bebidas.

Todo esto produce conflictos por sobreexplotación. Conflictos de apropiación de los recursos hídricos que se manifiestan por canales institucionales y no institucionales.

Como dijimos anteriormente, en México la conflictividad por canales no institucionales no es para nada desdeñable. Mariana Becerra Pérez, Jaime Sainz Santamaría (2003) muestran cómo se distribuyen las acciones conflictivas no institucionales.

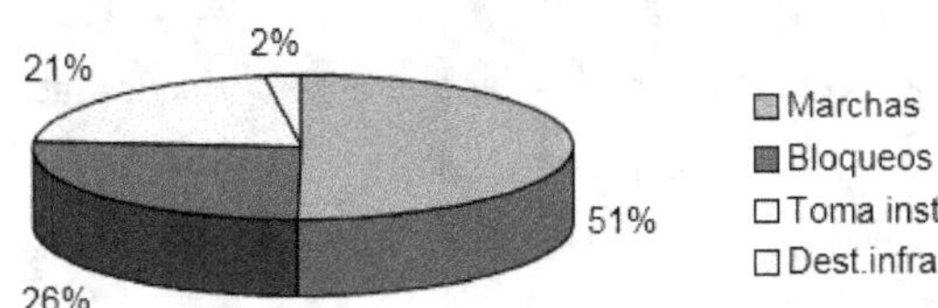

Manifestación de demanda 1990-2002

Vemos cómo el 51% de las acciones se manifiesta vía marchas, siguiéndole bloqueos de carreteras con 26%, toma de instalaciones en un 21% y destrucción de infraestructura con un 2%.

Ahora bien estos autores entienden la producción de conflictos por medio del concepto de escasez (a nuestro entender escasez biofísica) en tanto toman en cuenta como el crecimiento poblacional y el crecimiento económico ejerce una mayor presión sobre los acuíferos. Es decir que la cantidad de agua que se demanda está por debajo de capacidad de ofrecimiento.

Tomar la conflictividad como escasez biofísica generó un debate académico dentro de México si tomamos en cuenta la posición de distintos autores tales como José Joel Carrillo Rivera, Liliana Peñuela Arévalo, Rafael Huizar Alvarez, Antonio Cardona Benavídes, Marcos Adrián Ortega Guerrero, Josefina Vallejo Barba y Gonzalo Hatch Kuri.

En una primera instancia estos autores (2016) van a criticar el concepto de escasez haciendo una aseveración muy fuerte. Entienden que el concepto de escasez es falso, dando cuenta que lo que necesita México es una gestión sustentable.

> Lo cierto es que aproximadamente 97% del agua dulce en el territorio mexicano es de procedencia subterránea, y la escasez y crisis no son más que propuestas subjetivas. La correcta aplicación del conocimiento acerca del agua subterránea y su comportamiento es el camino correcto hacia el ordenamiento territorial y la solución de los conflictos por el agua (Carrillo Rivera, J. et al., 2016:151)

Para estos últimos autores, la gestión hídrica se solucionaría, en principio, con definir correctamente el concepto de sobreexplotación. Entienden que cuando se habla de gestión hídrica la mayoría de los conceptos teles como *disponibilidad, demanda, escasez, recurso* (ya sea como mercancía o como bien común) están relativamente bien definidos. Pero cuando se considera la sobreexplotación sólo se la entiende como "extracción intensiva y sus efectos".

> La falta de comprensión acerca del agua subterránea es evidente en el uso del concepto de "acuíferos sobreexplotados", noción que en lo que va del siglo carece de definición técnica y jurídica. Basta señalar que en los lugares en los que el agua escasea se ha dado la principal inversión extranjera en megaproyectos a nivel nacional lo que sugiere una falta de congruencia y de respeto en el sector oficial por el pueblo mexicano y los intereses de los inversionistas, ya que al menos uno de ellos resulta engañado (Carrillo Rivera, J. et al., 2016:153)

El concepto bien definido de "sobreexplotación" les daría, a las autoridades mexicanas que regulan el agua subterránea, una pericia legal para controlar los conflictos.

Pero esto último, pareciera no estar en la agenda de las autoridades en tanto que seguir con el concepto rudimentario de sobreexplotación impide que los distintos agentes involucrados "hablen un idioma común que permita la comprensión de las preguntas acerca del agua y su manejo" (Carrillo Rivera, J. et al., 2016:152). Es decir que en México no hay problema de disponibilidad de agua subterránea sino, más que nada preexiste una de falta de eficiencia en la administración del vital recurso.

Según la Comisión Nacional del Agua (CNA) en 2003, las actividades agropecuarias consumen el 77.8% del agua dulce, mientras el resto se distribuye en un 11.5% para el sector público, un 2.2% la industria y 8.5% el sector pecuario.

La instalación de la noción de "escasez" se ha originado en ligazón con la visión economicista del agua. Esto se logró al convencer a una gran porción de la sociedad de que hay poca agua (Carrillo Rivera, J. et al., 2016), mientras que el problema radica en que el crecimiento poblacional y económico de México no fue a la par con el conocimiento del volumen de agua subterránea del que se disponía.

Por otra parte, teniendo en cuenta los actores del conflicto, existen ciertas divergencias entre los autores mencionados.

Mientras Sainz, Becerra (2003) dan cuenta que la disputa por los recursos hídricos en México es causal de conflictos entre usuarios de la misma comunidad, entre distintas comunidades, municipios, estados e inclusive en zonas transfronterizas, Carrillo, et al., entienden que "es imperativo contrarrestar la noción establecida de que los conflictos por el agua son entre la oblación, cuando de lo que se carece es de un gobierno competente que elimine las causas de las desavenencias y que auspicie el conocimiento básico necesario (Carrillo, J. et al., 2016:152)

Ahora bien, independientemente de qué agentes sociales entran o no en el conflicto, a nuestro entender, ambos lados coinciden en que la apropiación del agua subterránea en México está ligada a relaciones de poder económicas y políticas.

La problemática del agua subterránea en Mendoza.

Los recursos Hídricos Subterráneos constituyen el 30% del total del agua extraída en el ámbito nacional para distintos usos. Sin embargo, al igual que en el caso de América del Sur, se desconoce la cantidad de reservorios existentes, el volumen y la calidad. Esto es atribuido a la escasez de relevamientos y estudios sobre la potencialidad y calidad de los acuíferos. Bruzzone afirma que Argentina "carece de una verdadera cultura del agua" (2010:155)

La Constitución Nacional de la República Argentina de 1853 confiere a las provincias el dominio originario de los recursos naturales existentes en su territorio, con plena facultad para crear sus propias instituciones locales, por lo tanto no existe una legislación de aguas que abarque todo el territorio nacional.

Por otra parte, si bien Argentina cuenta con recursos hídricos más que suficientes, no ha podido resolver problemas de abastecimiento poblacional.

La superficie de la Provincia de Mendoza bajo riego artificial representa el 25 % del total nacional. Este dato nos es menor si tenemos en cuenta datos oficiales del Censo 2010, el 16% de la población nacional tiene problemas para acceder al agua potable. Un claro ejemplo es Misiones, que contando con grandes reservorios de agua subterránea, es la provincia donde mayor cantidad de personas carecen de agua por red pública dentro de vivienda, esto afecta al 28% de los hogares.

Mendoza, siendo una provincia semi-árida tiene una cobertura por red pública dentro de vivienda de un 90%. Traemos esto a colación para dar cuenta que el concepto de escasez (biofísica), en ciertos casos, es un criterio arbitrario.

Ahora bien, la cuestión del agua ha sido siempre un elemento clave en el desarrollo territorial de esta provincia, el uso del agua subterránea no escapa a este escenario. Torres y Zambrano (2002) dan cuenta que la capacidad de todos los embalses superficiales construidos en la provincia es de 1.380 hm3 y la capacitad calculada de los embalses subterráneos es de 701.000 hm3.

Según las últimas evaluaciones del Departamento General de Irrigación, la provincia de Mendoza tiene 426.000 hectáreas cultivadas de las cuales 360.000 se abastecen con aguas superficiales y 66.000 hectáreas (16% del total) se abastecen exclusivamente con aguas subterráneas. A esto debemos sumarle que del total de las hectáreas con riego por superficie, éstas reciben aproximadamente un 40% de refuerzo de agua subterránea. (José Luis Álvarez , Mario Salomón , Juan Andrés Pina , Santiago Ruiz Freites y Matías Pérez Ventura, 2016)

Según estimaciones de la Subdelegación del Río Mendoza este porcentaje de refuerzo de aguas subterráneas se habría incrementado al 50 %.

La importancia de las aguas subterráneas ha crecido en estos últimos años debido a los problemas de disponibilidad y calidad que se están registrando en los recursos hídricos superficiales. Según el INA en un informe denominado "El Agua en Mendoza y su problemática ambiental", realizado en el año 2009, existen aproximadamente 20.000 perforaciones registradas, de las cuáles sólo la mitad se encuentran funcionando. Según el Departamento General de Irrigación (2016) existen registradas cerca de 22.000 perforaciones. Dato que difiere con el INA. Esto se lo podemos atribuir a la invisibilidad del recurso subterráneo que produce dificultades en el rastreo exacto de la cantidad de pozos.

Ahora bien teniendo en cuenta que el 50% del total de los pozos se encuentran en desuso, Eduardo Torres se pregunta lo siguiente: ¿por qué se mantiene ese 50 % de pozos, si no se usan y sólo acarrean problemas graves de contaminación? (2009:37)

Para este autor se pueden dar varias respuestas.

-los pozos rotos no se ven. En nuestra opinión, esto demuestra la invisibilidad del recurso en tanto si ya es difícil advertir la existencia de un pozo o una bomba en desuso, el agua subterránea es muy difícil de ver

-la sociedad no ha advertido la necesidad de segarlos dadas las consecuencias que esto implica.

- para segar un pozo se debe contar con mucho dinero. Este último punto va a ser muy importante en análisis que efectuaremos a lo largo de nuestra tesis doctoral en tanto que esta situación traería aparejada un posible mercado del agua.

El hecho de que casi la mitad de estos pozos no estén cegados trae inconvenientes con respecto a la calidad por salinización. Pero por otra parte, esto también trae como consecuencia que se permita la perforación en otras áreas.

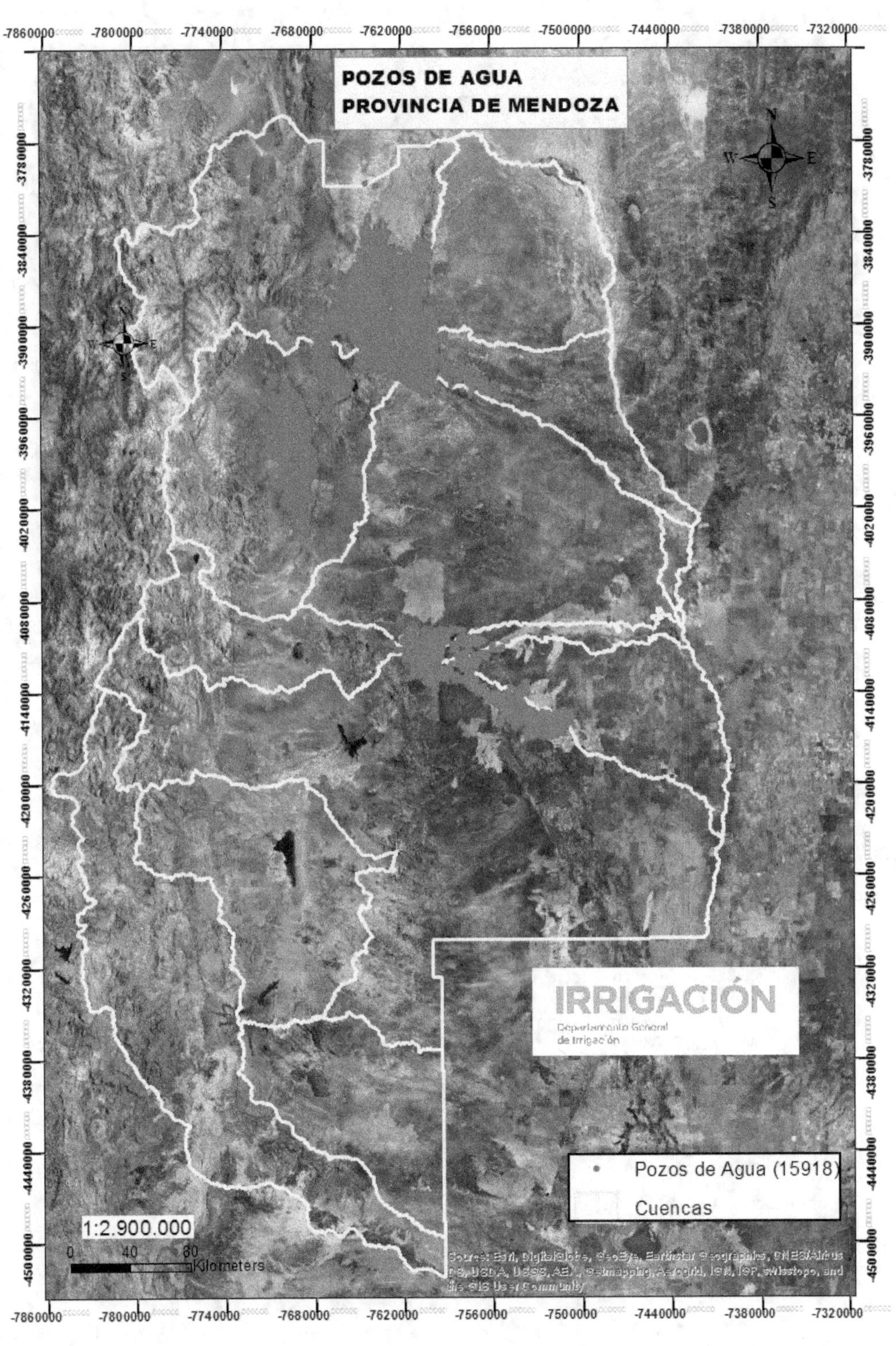

POZOS DE AGUA
PROVINCIA DE MENDOZA
N
W E
S
IRRIGACIÓN
Departamento General
de Irrigación
Pozos de Agua (15918)
Cuencas
1:2.900.000
0   40   80
Kilometers
Sources: Esri, DigitalGlobe, GeoEye, Earthstar Geographics, CNES/Airbus
DS, USDA, USGS, AEX, Getmapping, Aerogrid, IGN, IGP, swisstopo, and
the GIS User Community

En Mendoza es el Departamento General de Irrigación, única autoridad hídrica en la provincia, goza de autarquía y rango constitucional. Este organismo dirige y administra jurídica y políticamente el agua.

> Si bien la Ley de Aguas de Mendoza (por el contrario) sostiene la "inherencia del agua a la tierra", la relativa facilidad con la que se accede al agua subterránea cuando se poseen recursos económicos genera un virtual mercado de aguas sobre los acuíferos, determinado ya no por la posibilidad de comprar a otro usuario sus derechos de agua superficial sino por la de solventar el costo del pozo, de la bomba y asumir los costos del bombeo (Montaña, 2008:14).

Ahora bien, teniendo en cuenta el orden constitucional, es menester dar cuenta, de forma breve, las disposiciones referidas al agua superficial para hacer una diferenciación de las particularidades del nacimiento de la ley de Aguas Subterráneas de la Provincia de Mendoza.

Como escribimos anteriormente, la Constitución Nacional de la República Argentina de 1853 confiere a las provincias la autoridad sobre sus propios los recursos naturales. En este sentido, uno de los instrumentos institucionales más importantes del sistema hídrico mendocino es la Ley General de Aguas de 1884.

Como consecuencia de la sequía de 1968 (el año más seco conocido) en la década de 1970 hubo un sostenido crecimiento de la extracción de agua subterránea. Esta situación alertó al sector público sobre los riesgos de degradación del recurso. Esto trajo aparejado la creación de las Leyes n°4035 y n° 4036 en 1974.

En la década del 1970 el nivel de explotación era de 60 a 120 metros. Para eso momento, ese nivel de profundidad era satisfactorio en tanto el agua era de buena calidad. Hoy en día nos encontramos con niveles de profundidad de 240 a 350 metros. Tanto el primer nivel de explotación como el segundo que oscilaba entre los 150 y 200 metros se fueron contaminando por salinidad. El tercer nivel de explotación sólo fue alcanzable para quienes poseían y poseen una capacidad económica suficiente dado que al aumentar la profundidad de explotación se encareció el costo de la bomba, la energía y el equipo de extracción en su conjunto.

Antes de 1974, se había institucionalizado su explotación como una práctica exclusiva de la esfera privada. Como respuesta a este vacío regulatorio se sancionan dichas leyes que vienen a completar la Ley General de Aguas de 1884 incorporando en el orden constitucional criterios para la facultad pública en el manejo del agua subterránea.

El art. 1º de la Ley n° 4035 establece que: "La investigación, exploración, uso, control, recarga, conservación, desarrollo y aprovechamiento de las aguas subterráneas para cuya extracción sea necesaria la construcción de obras, se rigen en el territorio de la provincia por la presente ley y las reglamentaciones que en su consecuencia se dicten". El art. 1º de la ley 4036 confiere la administración de las aguas subterráneas en todo el territorio de la provincia al Departamento General de Irrigación, facultándolo al dictado de los reglamentos –de cumplimiento obligatorio- y a la realización de todos los actos que sean necesarios para el efectivo ejercicio del poder de policía, en el marco de las funciones y atribuciones asignadas por la ley".

Ahora bien, esto no significa la organización de una vez y para siempre del sistema hídrico subterráneo, sino más bien que este puede ir evolucionando en función de la orientación de la política hídrica y del comportamiento estratégico de los agentes agrícolas, agroindustriales y del avance del mercado inmobiliario.

Si la cuestión del agua ha sido siempre un elemento clave en el desarrollo territorial de esta provincia, el futuro se presenta aún más complicado: los escenarios de cambio climático para la región anticipan el recrudecimiento de las condiciones de escasez y una mayor incidencia de períodos de sequías (Villalba y Boninsegna, 2009) tanto en términos de tendencias como de eventos climáticos extremos.

Podemos decir que, según estudios recientes sobre el clima (Torres Eduardo: 2009), en el futuro inmediato en nuestra provincia se incrementarán las precipitaciones en la llanura y disminuirán las precipitaciones en la cordillera. A esto se le debe agregar el retroceso que han tenido en los últimos años los glaciares cordilleranos debido al calentamiento global. Es decir, los glaciares de nuestra cordillera, que son el lugar principal del cual se abastecen nuestros ríos, recibirán menos precipitaciones y permanecerán en retroceso. Esto traerá aparejado en una disminución de los caudales de los ríos.

Por lo tanto, siguiendo la línea de pensamiento de Torres, podemos decir que cuando el agua superficial no alcanza para la producción, se extrae más agua subterránea. "La tendencia general indica que son cada vez más las superficies cultivadas que se desarrollan utilizando sólo agua subterránea" (Torres Eduardo, 2009:36). Según dicho autor, las razones de esta tendencia se deben a varias causas:

-a que ya no existen, o son muy pequeños, los caudales superficiales para repartir

-que algunas de las nuevas áreas cultivadas están fuera de las zonas que dominan los canales existentes

- que es más seguro extraer agua subterránea.

Por otra parte Armando Llop (1998) nos introduce en otra problemática al decir que los recursos hídricos subterráneas son extraídos en niveles superiores a la capacidad de recarga natural del acuífero. Además también se observa una alta contaminación por salinización.

En la actualidad, para obtener agua para riego se necesita una profundidad 17 veces mayor que hace cuarenta años, lo que constituye un restrictivo para algunos agentes sociales por los elevados costos de las perforaciones (Llop Armando, 1998).

Atendiendo a las diferentes luchas y disputas por el agua subterránea que desarrollamos anteriormente, en una primera instancia, estaríamos en condiciones de afirmar que en Mendoza la conflictividad se canaliza por medios institucionales. Ahora bien, no por esto vamos a dejar de lado factores económicos y políticos que, por supuesto, están presentes en la apropiación del agua subterránea.

Con respecto a este último punto, podemos decir, que en Mendoza, el agua es un "bien de dominio público", pero con respecto a la situación del agua subterránea en particular, podría existir lo que denominamos: "mercantilización del agua", en tanto quien posee dinero para perforar agua, obtiene el bien y quien no lo posee queda excluido. Además, hablamos de "mercantilización del agua", en sentido que cuando un agente social adquiere un pozo, su único limitante es el gasto energético.

Es decir que con recursos económicos suficientes, el agua subterránea como "bien de dominio público" puedo ser extraída a antojo del usuario. Esto último será analizado en capítulos posteriores.

Por otra parte, no debemos confundir la "mercantilización del agua" con un potencial "mercado de agua". La presunción de un "mercado de agua" estaría dado por el hecho de la compra venta de pozos para su segado con la consecuente apertura de otro pozo para su uso dentro de la misma cuenca tal como lo permite la Resolución n°164 de 2013 enmarcada en la Ley de Aguas Subterráneas de 1974.

Es a partir del análisis de la Ley de Aguas Subterráneas de 1974 y las resoluciones n°548 del año 2012 y la n°164 del año 2013, que nos preguntamos, ¿existen intersticios institucionales que permiten a ciertos agentes socio-económicos apropiarse del agua subterránea en la Provincia de Mendoza? En caso de que existan ¿Cuáles son y cómo funcionan? Siendo que el agua subterránea es un bien de dominio público ¿Los agentes dominantes que utilizan el agua subterránea consiguen cristalizar institucionalmente sus intereses particulares? En caso afirmativo ¿Esas cristalizaciones devienen en resoluciones creadas por el DGI? ¿Es necesaria la construcción de una hegemonía simbólica discursiva para lograr una apropiación efectiva del agua subterránea?

De esta forma, nuestro problema de investigación se cimenta en el hecho de que si bien la Provincia de Mendoza tiene un régimen regulatorio del agua predominantemente público, no ocurre lo mismo con el agua subterránea, donde existe una primacía del régimen de acumulación de ciertos agentes económicos sobre el régimen de regulación que imparte el Departamento General de Irrigación. Primacía que es meramente conceptual, en tanto la acumulación necesita de la regulación y viceversa.

Por otra parte, en la Provincia de Mendoza algo aconteció algo inusitado. Si bien el año 1968, como dijimos anteriormente, fue el más seco desde que se tiene registro, se dio una persistencia inédita de crisis hídrica si tenemos en cuenta el período 2010-2015. Estos seis años consecutivos nos llevó, entre otras cosas a elegir dicho período. Por otra parte en éste lapso de tiempo podemos dar cuenta de luchas y disputas por el agua subterránea en tanto que se crearon las resoluciones que mencionamos precedentemente y tuvieron distintas repercusiones según los intereses de los agentes socio- económicos. Además en el período elegido ocurrió la apropiación de los pozos de Agrelo. Esto último es un caso que vamos a analizar como uno de los mejores ejemplos de cómo el régimen de regulación se adecua a las necesidades de la acumulación privada.

Con respecto a nuestra investigación, llevamos a cabo una búsqueda de referencias que para acercarnos cada vez más a nuestro problema de investigación. Realizamos una búsqueda de antecedentes y literatura académica sobre problemáticas de apropiación de agua subterránea que nos permitió explorar el entramado socio-económico y político que entrañan las relaciones de poder que subrepticiamente se dan en la apropiación de un recurso invisible e invisibilizado como es el agua subterránea (Montaña et al 2005; Montaña, 2008, 2013; Torres, 2002, 2009; Jofré José Luis 2010; y Grosso Virginia, 2014)

Sin embargo, encontramos un espacio libre para desarrollar nuestra investigación en tanto que las disputas discursivas, materiales e institucionales por las aguas subterráneas no han sido desarrolladas en hondura.

Bibliografía

-Jiménez Díaz, J. (2016). El agua como elemento de conflicto: el caso palestino-israelí. *El Genio Maligno,* (18), 85-94.

-Brichs, I. (1995). El agua en la cuenca del río Jordán: la lucha por un recurso escaso. *Papers*, (46), 121-138.

-Seoane, J., & Taddei, E., & Algranati, C. (2013). *Extractivismo, Despojo y Crisis Climática. Desafíos para los movimientos sociales y los proyectos emancipatorios de Nuestra América.* (1a.ed.). Buenos Aires, Argentina: Ediciones Herramienta, Editorial el Colectivo, GEAL.

-Khader, B. (2007). Colonialismo hídrico en Oriente Medio. *Papeles*, (97), 53-63.

-La cuestión del agua en el conflicto por Palestina. (s.f.). Disponible en: https://www.senado.gob.mx/comisiones/recursos_hidraulicos/docs/doc17.pdf

-Organización de Naciones Unidas (ONU). (2006). "Más allá de la escasez: poder, pobreza y crisis mundial del agua". Informe de Desarrollo Humano. Disponible en: http://hdr.undp.org/sites/default/files/hdr_2006_es_completo.pdf

-Grosso, V. (2014). *La escasez hídrica en tierras secas. Un estudio territorial sobre la apropiación, gestión y uso del agua en la cuenca del Río Mendoza, Argentina* (tesis docotoral). Facultad de Filosofía y Letras, Buenos Aires, Argentina.

-Embajada Palestina en Chile. (s.f.). Disponible en: http://embajadapalestina.cl/site/index.php/clima/

-¿Cómo está distribuida el agua en del planeta? (s.f.). Disponible en: http://www.laenergiadelcambio.com/como-esta-distribuida-el-agua-del-planeta

- Hatch Kuri, G.C., Carrillo Rivera, J. (2017). ¿Qué hacer con el agua subterránea? *Nexo.* Disponible en: http://www.nexos.com.mx/?p=32765

-CEPAL (Comisión Económica para América Latina y el Caribe) (2016), *La población de América Latina alcanzará 625 millones de personas en 2016, según estimaciones de la CEPAL.* Disponible en: https://www.cepal.org/es/noticias/la-poblacion-america-latina-alcanzara-625-millones-personas-2016-segun-estimaciones-la

-Bruzzone, E. (2010). *Las guerras del agua. América Latina en la mira de las grandes potencias.* Buenos Aires, Argentina: Capital Intelectual.

-CEPAL (Comisión Económica para América Latina y el Caribe) (2014), *La gobernanza de los recursos naturales en América Latina y el Caribe.* Disponible en: http://www.cepal.org/es/infografias/la-gobernanza-de-los-recursos-naturales-en-america-latina-y-el-caribe

- Ferro Rodriguez, J. (2013). La Triple Frontera, el Acuífero Guaraní y los intereses de Estados Unidos en la región: evolución y ¿cambio de escenario? *Grupo de Estudios en Seguridad Internacional (GESI),* (15), 1-7.

-Acuifero Guaraní y la Lucha por el Agua. (s.f.). Disponible en: http://historiaybiografias.com/guerra_agua/

-Segrelles Serrano, J. (2007, agosto). *Geopolítica del Agua en América Latina: Dependencia, Exclusión y Privatización.* Ponencia presentada en el XVI Simposio Polaco-Mexicano, Varsovia, Polonia.

- Becerra Pérez, M., Sainz, Santamaría, J. (2003) Los conflictos por el agua en México. *Gaceta Ecológica,* (67), pp. 61-68.

-Torres, Eduardo (2009) El agua subterránea y el cambio climático. *Revista compromiso Ambiental,* (1), pp. 36-38.

-Torres, Eduardo y Zambrano, Juvenal (2002). Hidrogeología de la Provincia de Mendoza. En Abraham, Elena María, *Catálogo de recursos humanos e información relacionada con la temática ambiental en la región andina argentina: programa de cooperación para la investigación*. ISBN: 978-987-20906-1-6 editorial: IADIZA/GTZ.

-Instituto Nacional del Agua (INA). (2009). *El Agua en Mendoza y su problemática ambiental*. Mendoza, Argentina.

-Jofré, José Luis. (2010*). Efectos de las innovaciones productivas en la agricultura sobre la materialidad institucional del régimen hídrico. El caso mendocino entre 1976-2010* (tesis doctoral). Facultad de Ciencias Políticas y Sociales, Mendoza, Argentina.

-Montaña, E. (2008). Las disputas territoriales de una sociedad hídrica. Conflictos en torno al agua en Mendoza, Argentina. *Revista Interamericana de Economía Ecológica, REVIBEC*, Vol.9, pp.1-17. FLACSO. Quito.

-Montaña, E., L. Torres, E. Abraham, E. Torres y G. Pastor (2005), "Los Espacios Invisibles. Subordinación, Marginalidad y Exclusión de los Territorios no irrigados en las Tierras Secas de Mendoza, Argentina". *Región y Sociedad* Nº 32, pp. 3-32. Sonora, México.

-Montaña, Elma (2013). *Escenarios de cambio ambiental global, escenarios de pobreza rural.* -1a ed. - Ciudad Autónoma de Buenos Aires: CLACSO

-Ramírez, María F., Yepes, María J. (2011). Geopolítica de los recursos estratégicos: conflictos por agua en América Latina. *Revista de Relaciones Internacionales, Estrategia y Seguridad*, 6 (1), 149-165.

-Villalba, R. y Boninsegna, J. (2009). "Cambios climáticos regionales en el contexto del calentamiento global" en Gobierno de Mendoza (ed.) *Informe Ambiental.* INTA-UNSan Juan.

-Llop, A. y G. Fasciolo (1998). *Estrategias de control de la contaminación del agua subterránea: el caso del Este mendocino.* Anales del XVII Congreso Nacional del Agua y II Simposio de Recursos Hídricos del Cono Sur. Santa Fe, Argentina, 54 -63.

-Castro, E. (2009). Apuntes sobre el proceso de mercantilización del agua: un examen de la privatización en perspectiva histórica. En, *Justicia Ambiental y Sustentabilidad Hídrica* (p. 11-29). Cochabamba, Bolivia: Comisión para la Gestión Integral del Agua en Bolivia

(CIAGB), Centro de Estudios Superiores Universitarios (CESU), Universidad Mayor de San Simón, e Intercooperation.

-Carrillo Rivera, J. et al. (2016). Conflictos por el agua subterránea. En, *Geografía de México. Una reflexión espacial contemporánea* (pp. 151-166). México: Instituto de Geografía, Coordinación de Investigación Científica, INEGI.

- Álvarez, J., Salomón, M., Pina, J., Ruiz Freites, S., Pérez Ventura, M. (2016, septiembre). *Gestión de Aguas Subterráneas en un marco de Escasez Hídrica.* Ponencia presentada en el IX Congreso de Hidrogeología, Catamarca, Argentina.

 -Departamento General de Irrigación (1999). Plan Hídrico Provincial. Versión digital.
-Crabtree B. F. y W. L. Miller (eds.) (1992), Doing Qualitative Research. (Research Methods for Primary Care Volume 3). Sage Publications, Newbury Park, California.

-Valles, M. (2000). *Técnicas de Investigación Cualitativas de Investigación Social.* Buenos Aires. Síntesis

-Stake, R. (1995). The Art of Case Study Research, Sage Publications, Thousand Oaks.

-Yin, R. (1994). Case Study Research: Design and Methods. 2nd ed. Thousand Oaks: Sage Publications.

-Wodak, R. (2003). "El enfoque histórico del discurso". En: Métodos de análisis crítico del discurso. Wodak, Ruth; Meyer, Michael (compiladores). Barcelona. Gedisa Editorial.

-Wodak, R. (2003). "De qué trata el análisis crítico del discurso (ACD). Resumen de su historia, sus conceptos fundamentales y sus desarrollos". En: Métodos de análisis crítico del discurso. Wodak, Ruth; Meyer, Michael (compiladores). Barcelona. Gedisa Editorial.

-Meyer, M. (2003). Entre la teoría, el método y la política: la ubicación de los enfoques relacionados con el ACD. En: Métodos de análisis crítico del discurso.

Wodak, Ruth; Meyer, Michael (compiladores). Barcelona. Gedisa Editorial.

-Van Dijk, Teun A. (2003). La multidisciplinariedad del análisis crítico del discurso: un alegato a favor de la diversidad. En: *Métodos de análisis crítico del discurso.* Wodak, Ruth; Meyer, Michael (compiladores). Barcelona: Gedisa Editorial.

-Van Dijk, Teun A. (2011). *Sociedad y Discurso. Como influyen los contextos sociales sobre el texto y la conversación.* Barcelona: Gedisa Editorial.